GW00701919

Passage de la Beresina
26, 27, 28, et 29 Novembre 1812

The Naval & Military Press Ltd

Published by
The Naval & Military Press Ltd
Unit 10 Ridgewood Industrial Park,
Uckfield, East Sussex,
TN22 5QE England
Tel: +44 (0) 1825 749494
Fax: +44 (0) 1825 765701
www.naval-military-press.com
www.military-genealogy.com
www.militarymaproom.com

Printed and bound in Great Britain by
CPI Antony Rowe, Chippenham and Eastbourne

*In reprinting in facsimile from the original, any imperfections are inevitably reproduced
and the quality may fall short of modern type and cartographic standards.*

Passage de la Beresina
26, 27, 28, et 29 Novembre 1812

La Division du Général russe Lambert qui faisait partie de l'armée de Moldavie commandée par l'Amiral Tchitchagow s'était emparée le 21 Novembre, du pont de Borisow et de cette ville située sur la rive gauche de la Beresina.

Le 23, le 2e. corps commandé par le Maréchal Oudinot Duc de Régio attaqua et battit cette division russe qui repassa sur la rive droite de la Beresina et coupa, en se retirant, le pont de Borisow.

Le 25, M. le Général Comte Eblé commandant les équipages de ponts de l'armée et M. le général Comte Chasseloup Commandant du Génie qui avaient été chargés de se concerter ensemble, pour construire des ponts sur la Beresina arrivèrent vers 4 à 5 heures du matin à Borisow.

M. Le Général Eblé avait avec lui, sept compagnies de pontonniers fortes d'environ 400 hommes en bon ordre et ayant tous conservé leurs fusils.

Le matériel consistait en ; 1.° 6 caissons renfermans des outils d'ouvriers en bois et en fer, des clamaux, des clous, des haches, des pioches et du fer

2.° Deux forges de campagne

3.° Deux voitures chargées de charbon

Ce matériel indispensable, pour une opération de laquelle dépendait le salut de l'armée avait été amené entièrement par

les soins de Mr. Le Général Eblé qui avait eu aussi la précaution de faire prendre, à Smolensk, à chaque pontonnier, un outil, 15 à 20 grands clous et quelques clamaux que tous déposèrent fidèlement au lieu choisi pour faire les préparatifs du passage.

M. le Général Comte Chasseloup avait sous ses ordres, plusieurs compagnies de sapeurs et les restes du bataillon du Danube (ouvriers de la marine).

On laissa deux compagnies de pontonniers et une ou deux compagnies de sapeurs à Borisow, pour y attendre de nouveaux ordres et faire, auprès du pont rompu et au dessous, des démonstrations de passage.

Le restant de la troupe partit, vers midi, avec les caissons d'outils et les forges, pour se rendre au village de Wesselowo où le passage avait été résolu.

Ce village est situé à 4 lieues environ au dessus de Borisow : on y arriva entre 4 et 5 heures du soir.

Le Roi de Naples, le Duc de Reggio, le Général Comte Eblé et le Général Comte Chasseloup s'étaient aussi rendus sur ce point.

Il fut convenu que l'on construirait trois ponts de chevalets dont deux seraient exécutés par l'artillerie et un par le génie.

Le 2e corps occupant le village de Wesselowo depuis deux jours, on avait construit près de ce village une vingtaine de chevalets avec des bois beaucoup trop foibles, de sorte que ces préparatifs sur lesquels on avait compté ne furent d'aucune —

utilité. Napoléon qui n'avait pu être informé de ce contretems ordonna de jeter un pont à 10 heures du soir, mais il y avait impossibilité absolue de mettre cet ordre à exécution.

A cinq heures du soir rien n'était donc encore commencé et il n'y avait pas un moment à perdre.

On se mit à l'ouvrage, on abattit des maisons ; on en rassembla les bois, pour servir, les uns à la construction des chevalets, les autres pour tenir lieu de poutrelles et madriers, on forgea des clous, des clamaux ou crampons. Enfin on travailla sans relâche et avec une grande activité, pendant toute la nuit.

Afin de suppléer aux bateaux ou nacelles dont on manquait, on construisit trois petits radeaux ; mais les bois que l'on fut forcé, faute d'autres, d'y employer étaient de dimensions si faibles que chaque radeau ne pouvait porter au plus que dix hommes.

Le 26 à 8 heures du matin, Napoléon donna l'ordre de jeter les ponts. On en commença aussitôt deux éloignés l'un de l'autre d'environ 100 toises.

En même tems, quelques cavaliers passèrent la rivière à la nage ayant chacun un voltigeur en croupe et l'on passa successivement 3 à 400 hommes d'infanterie sur les radeaux.

On s'attendait à une forte résistance de la part de l'ennemi dont les feux avaient été très nombreux pendant la nuit cependant les russes ne firent aucune disposition sérieuse pour s'opposer à la construction des ponts. Il n'y eut qu'une

rive fusillade qui dura pendant 3 a 4 heures. Des cosaques se présentèrent en assez grand nombre, mais ils furent contenus par nos tirailleurs à pied et à cheval et par le feu de l'artillerie, qui était en batterie sur la rive gauche.

Le Général Éblé n'avait pu vérifier, dans la nuit, la largeur de la rivière qu'on lui avait assuré être de 40 toises: il reconnut au jour et pendant qu'on travaillait à l'établissement des deux ponts que cette largeur était de plus de 50 toises

Alors, M. le Général Chasseloup qui avait déjà déclaré le matin qu'il était dans l'impossibilité de faire construire un 3e pont par le Génie, mit à la disposition du Général Éblé les sapeurs, ainsi que les chevalets qu'ils avoient construits.

Le nombre des chevalets ne suffisans pas encore, pour les deux ponts et pour remédier aux accidents, on en continua la construction, pendant toute la journée.

À une heure de l'après midi, le pont de droite fut achevé: il était destiné pour l'infanterie et la cavalerie seulement, parce qu'on n'avait pu employer pour le couvrir, que de mauvaises planches de 4 à 5 lignes d'épaisseur.

Le 2e corps commandé par le Maréchal Oudinot Duc de Reggio passa le premier.

Napoléon qui, depuis le matin, n'avait pas quitté les bords de la Beresina se plaça à l'entrée du pont, pour voir défiler le 2e corps dont tous les régimens étaient parfaitement en ordre et montraient beaucoup d'ardeur En prennant des

des précautions, on parvint à faire passer sur le pont, une pièce
de 8 et un obusier avec leurs caissons, ainsi que plusieurs
caissons de cartouches.

Le Duc de Reggio marcha droit au camp de la
division russe; cette division vivement attaquée ne tint qu'un
moment sa position formidable. L'ennemi qui paraît avoir été,
une partie de la journée, incertain de notre véritable passage à cause
des mouvements de troupes et des démonstrations faites auprès
de Borisow et au dessous, reprit l'offensive dans la soirée, mais
le 2e corps le battit et malgré tous les efforts que firent les
Russes les deux jours suivants, nos troupes conservèrent la position
qui couvrait entièrement le défilé des ponts.

Le pont de gauche destiné spécialement pour les
voitures et dont on avait été obligé de suspendre la construction,
pendant deux heures, afin de pousser avec plus de vigueur celle du
pont de droite fut terminé à 4 heures : Aussitôt l'artillerie
du 2e corps défila sur ce pont, elle fut suivie par celle de la
garde, par le grand parc et successivement par l'artillerie des
autres corps et les diverses voitures de l'armée.

Au lieu de madriers ou fortes planches dont on
manquait entièrement, on avait employé, pour l'établir de
ce pont, des rondins de 15 à 16 pieds de longueur sur 3 à 4
pouces de diamètre.

Les voitures, en passant sur ce tablier raboteux,
faisaient éprouver au pont des secousses d'autant plus violentes
que toutes les recommandations étaient le plus souvent inutiles,

pour empêcher beaucoup de conducteurs de voiture de faire trotter leurs chevaux. Les chevalets s'enfonçans inégalement sur un sol vaseux ; il en résultait des ondulations et des inclinaisons qui augmentaient les secousses et faisoient écarter les pieds des chevalets. Ces graves inconvénients que l'on avait eu ni le tems ni le moyen de prévenir causèrent les trois ruptures dont il va être question

A 8 heures trois chevalets du pont de gauche s'écrasèrent. Ce funeste évenement consterna le Général Eblé, qui, sachant combien les pontonniers étaient fatigués, désesperait presque de réunir, sur le champ, le nombre d'hommes nécessaires, pour travailler avec promptitude à des réparations si urgentes. L'ordre s'était heureusement maintenu. Les officiers étaient établis à des bivouacs avec leurs compagnies on ne demanda que la moitié de la troupe ; mais ce ne fut pas sans peine que l'on parvint à tirer d'auprès du feu où ils étoient endormis des hommes harassés de fatigues. Des menaces eussent été bien infructueuses. la voix seule de l'honneur et de la patrie pouvait se faire entendre à ces braves gens qui étoient aussi fortemens stimulés par l'attachement et le respect qu'ils portaient au Général Eblé.

Après trois heures de travail le pont fut réparé et les voitures reprirent leur marche à 11 heures.

Le 27, à 2 heures du matin, trois chevalets du même pont se rompirent dans l'endroit le plus profond de la rivière La seconde moitié des pontonniers que le Général Eblé avait eu la sage précaution de laisser reposer fut employée à

réparer ce nouvel accident : On y travaillait avec ardeur, lorsque Mr. le général Comte Lauriston arriva sur le pont : montrant une impatience bien naturelle, il se plaignait de la lenteur d'un travail qu'on ne pouvait cependant pousser avec plus d'activité et peignait vivement les inquiétudes de Napoléon. Pendant qu'on était occupé à déblayer les bois à l'endroit de la rupture, le Général Eblé faisait construire, sous ses yeux des chevalets dont il avait lui même choisi les bois. Mr. Le General Lauriston se fit conduire près de lui, il y resta jusqu'à ce que les trois chevalets dont on avait besoin fussent prêts et tous deux les précédèrent faisant faire place à la foule, qui devenait déja très grande.

Après quatre heures du travail le plus pénible, la communication fut rétablie à 6 heures du matin

à 4 heures du soir, le passage fut encore suspendu pendant 2 heures au pont de gauche, par la rupture de deux chevalets. Ce troisième accident fut heureusement le dernier.

Au pont de droite sur lequel il ne passait que des hommes et des chevaux, les chevalets ne se rompirent pas, mais on fut constamment occupé à réparer le tablier formé par un triple lit de vieilles planches ayant servi à la couverture des maisons du village et qui n'ayant pû être fixés solidement, se dérangeaient à chaque instant : Les pieds des chevaux les brisaient et passaient quelquefois à travers, en sorte qu'on était obligé de les remplacer souvent.

Pour diminuer les fatigues des ponts, on avait

couvert leurs tabliers avec du chanvre et du foin qu'il fallait renouveller fréquemment.

Malgré ces facheux contre-tems, le passage s'effectua avec assez de promptitude par les troupes qui avoient conservé de l'ordre et marchaient réunies.

Jusqu'au 27 au soir, il n'y avait pas encore eu d'encombrement, parce que les hommes isolés ne s'étaient encore présentés qu'en petit nombre. Ils arrivèrent en foule pendant la nuit du 27 au 28, amenant avec eux une grande quantité de voitures et de chevaux: leur marche tumultueuse et confuse causa un tel encombrement que ce n'était qu'avec des peines infinies et après avoir couru de grands dangers que l'on pouvait arriver jusqu'aux ponts.

Le Général Eblé, ainsi que d'autres généraux et Officiers, tentèrent vainement, à plusieurs reprises, de rétablir l'ordre: Ils ne pouvaient se faire écouter par des hommes qui ayant, depuis plus d'un mois, secoué le joug de toute Discipline étaient Dominés par l'égoisme et livrés, pour la plupart à un profond abrutissement.

Les voitures arrivant aux ponts sur 30 à 40 colonnes, il s'établissait aux culées des discussions et des rixes pendant lesquelles le passage était interrompu.

Le 28 au matin, lors des attaques combinées des armées Russes sur les deux rives de la Beresina, le désordre fut porté à son comble près des ponts et continua pendant toute la journée chacun voulait passer le premier et

personne ne voulant céder, le passage interrompu, pendant de longs intervalles n'eut bientôt plus lieu qu'avec une extrême difficulté.

Les hommes, les chevaux et les voitures de la queue des colonnes sur lesquels tombèrent les boulets et les obus dès le commencement de la bataille vinrent sur la tête et vinrent former près des ponts une masse de 6 à 700 toises de front sur 15 à 200 toises de profondeur; de sorte que la plaine entre les ponts et le village de Wetseloro était couverte par une multitude d'hommes à pied et à cheval de chevaux et de voitures qui tournées dans tous les sens ne pouvaient presque faire aucun mouvement.

Le 9ᵉ Corps qui soutenait la retraite combattait depuis le matin avec une valeur admirable contre des forces bien supérieures aux siennes; mais son front n'ayant pas assez d'étendue, l'ennemi parvint, vers une heure de l'après midi, à placer plusieurs batteries qui découvraient les ponts. Les boulets et les obus tombant alors au milieu d'une foule serrée d'hommes et de chevaux y firent un ravage épouvantable. L'action de cette masse se portant elle même vers la rivière produisit de grands malheurs, des Officiers, des soldats furent étouffés ou écrasés sous les pieds des hommes et des chevaux. Un grand nombre d'hommes jetés dans la Beresina y périrent, d'autres se sauvèrent à la nage ou atteignirent les ponts sur lesquels ils montèrent, en se cramponant aux chevalets. Une grande quantité de

chevaux furent poussés dans la rivière et restèrent pris dans les glaces. Des conducteurs de voitures et de chevaux les ayant abandonnés, la confusion fut sans remède. Les chevaux errant sans guide se réunirent et, en se serrant, formèrent une masse presqu'impénétrable.

Le feu cessa de part et d'autre vers cinq heures, à l'entrée de la nuit; mais le passage retardé par une succession continuelle d'obstacles ne s'effectuait plus qu'avec une lenteur désolante. Dans cette situation vraiment désespérante, le Général Eblé fit faire un grand effort, pour débarasser les avenues des ponts et faciliter la marche du 9e corps qui devait se retirer pendant la nuit. 150 pontonniers furent employés à cette opération. Il fallut faire une espèce de tranchée à travers un encombrement de cadavres d'hommes et de chevaux, de voitures brisées et renversées : ony procéda de la manière suivante.

Les voitures abandonnées qui se trouvaient dans le chemin que l'on pratiquait étaient conduites sur le pont par les pontonniers qui les culbutaient dans la rivière. Les chevaux qu'on ne pouvait contenir sur les cotés du nouveau chemin étaient chassés sur le pont avec la précaution de n'en faire passer qu'un petit nombre à la fois, pour éviter les accidents. On pratiqua à droite et à gauche de la grande tranchée des ouvertures pour faciliter l'écoulement des hommes à pied et des voitures qui restaient encore attelées.

Il ne fut pas possible de détourner les cadavres des chevaux; le nombre en était trop grand et les hommes et les chevaux qui devaient nécessairement passer par dessus, avant d'arriver aux ponts, éprouvèrent de grandes difficultés.

Le 9ᵉ corps quitta sa position vers 9 heures du soir, après avoir laissé, sur la rive gauche, des postes et une arrière garde, pour observer l'ennemi. Il défila sur les ponts en très bon ordre emmenant avec lui toute son artillerie

Le 29 à une heure du matin tout le 9ᵉ corps à l'exception d'une faible arrière-garde était passé sur la rive Droite et personne ne passait plus sur les ponts

Deux batteries de 6 pièces de canon commandées chacune par un Colonel (MeMM. Chopin et Serruzier) passèrent également la rivière avec leurs caissons, dans la nuit du 28 au 29.

Cependant il restait encore sur la rive gauche Des Officiers et autres militaires blessés ou malades, Des employés, des femmes, des enfants, des Officiers payeurs avec leurs fourgons, des vivandiers, quelques soldats armés mais fatigués; enfin une foule d'isolés avec leurs provisions et leurs chevaux.

Tout ce monde, hormis les blessés et les malades pouvait facilement, en abandonnant chevaux et voitures, passer les ponts pendant la nuit; mais lorsque le feu de l'ennemi eut cessé, les bivouacs se formèrent avec la plus incroyable sécurité. Le Général Eblé envoya

plusieurs fois dire autour de ces bivouac que les ponts allaient être brulés, officiers, employés, soldats, &c. étaient sourds aux plus pressantes sollicitations et attendaient, sans inquiétude, près du feu ou couchés dans les voitures qu'il fit jour, pour se disposer à partir.

Mr. Le Maréchal Victor Duc de Bellune qui resta pendant une grande partie de la nuit au bivouac du Général Eblé fit lui même des efforts inutiles, pour mettre en mouvement une foule indifférente et obstinée.

à 5 heures du matin, le Général Eblé fit mettre le feu à plusieurs voitures, afin de décider au départ les hommes qui les entouraient ; cette mesure produisit quelqu'effet.

Vers 6 heures et demi - le Maréchal Victor retira ses avant postes et leur fit passer les ponts ; ce mouvement réveilla les insouciants : Convaincus enfin qu'ils allaient tomber entre les mains de l'ennemi, ils se précipitèrent sur les ponts avec leurs voitures et leurs chevaux et y produisirent un nouvel et dernier encombrement.

Le général Eblé qui avait reçu l'ordre de détruire les ponts à 7 heures du matin, attendit le plus long-tems qu'il lui fut possible, pour commencer une opération dont il avait assuré le succès par les préparatifs aux quels il avait donné tous ses soins pendant la nuit. son cœur sensible combattit long-tems, avant de prendre

la résolution d'abandonner à l'ennemi un aussi grand nombre de français. Ce ne fut donc qu'à huit heures et demi, lorsqu'il n'y avait plus un moment à perdre, qu'il ordonna de couper les ponts et d'y mettre le feu.

La rive gauche de la Bérésina offrit alors le plus douloureux spectacle : hommes, femmes, enfants poussaient des cris de désespoir ; plusieurs tentèrent de passer, en se précipitant à travers les flammes des ponts ou en se jetant à la nage dans la rivière qui chariait de gros glaçons ; d'autres se hasardèrent sur la glace qui s'était arrêtée entre les deux ponts et qui n'étant pas encore, assez, consolidée céda sous leurs pieds et les engloutit.

Enfin, vers neuf heures les cosaques arrivèrent et firent prisonnière cette multitude, en grande partie, victime de son aveuglement.

Le travail de la destruction des ponts dura une heure. Il fut entièrement achevé à 9 heures et demi. Alors le Général Eblé fit réunir la troupe et se retira sur la route de Zambin que suivait l'armée.

L'artillerie Russe ne commença que dans ce moment à faire feu ; mais on fut bientôt à l'abri de ses coups.

La timidité avec laquelle l'armée Russe s'approcha des ponts, dans la matinée du 29 prouve combien elle avait été maltraitée la veille par le 9e corps.

Ainsi qu'on l'a dit le feu avait cessé de part et

d'autre le 28 à cinq heures du soir. Depuis cet instant
jusqu'au lendemain à 9 heures 1/2 lorsque les ponts ont été
détruits et que les pontonniers se retiraient, il ne s'est pas
tiré un coup de canon ni un coup de fusil. Les cosaques
qui firent les premières reconnaissances hésitèrent longtems
avant de s'approcher, malgré qu'on ne fit pas feu sur eux.
Enhardis enfin, ils vinrent se mêler parmi des gens sans
défense qu'ils n'eurent aucune peine à faire prisonniers.
Le nombre de ces derniers est de 4 à 5,000 y compris femmes
et enfans. On laissa sur la rive gauche de la Beresina
3 à 4000 chevaux de toute taille, 6 à 700 voitures de
diverses espèces, mais toute l'artillerie passa hormis
quelques caissons isolés ou brisés et 3 ou 4 canons qui
se trouvèrent embarassés au loin dans les autres —
voitures.

L'arrière-garde de l'armée avait pris position à
une lieue environ de la Beresina, pour couvrir un
défilé de deux lieues de long dans une forêt marécageuse
~~que l'on traversait par~~ traversée par une chaussée étroite sur laquelle il ne
pouvait passer qu'une voiture de front. Ce défilé dont
les côtés étaient presqu'impraticable pour les gens à
pied et à cheval était terminé par trois grands ponts
en bois de sapin établis à la suite l'un de l'autre —
sur des ruisseaux et des marais qui n'étaient pas
entièrement gelé[x]. Les deux intervalles d'environ
100 toises chacun qui séparaient ~~au~~ les ~~étaient~~ étaient

[x] ces ponts avaient
ensemble 900 toises
de longueur

étaient remplis par une chaussée construite en fascines et en terre.

Le Maréchal Ney Prince de la Moskwa qui avait pris le commandement de l'arrière-garde attendait à l'entrée de la forêt, le Général Eblé à qui il donna l'ordre, de la part de Napoléon de brûler les trois ponts dont on vient de parler en lui disant que leur parfaite destruction était de la plus haute importance.

Le Général Eblé étant arrivé près des ponts fit tout disposer pour leur embrasement. Les pontonniers furent employés le restant de la journée du 29 aux préparatifs de cette opération qui commença à 10 heures du soir, aussitôt après le passage des dernières troupes de l'arrière-garde. quelques Cosaques et tirailleurs se présentèrent à la culée du premier pont, mais ils furent éloignés par la fusillade d'un bataillon d'arrière-garde. Les pontonniers se retirèrent le 30 à 4 heures du matin, après avoir détruit les trois ponts de manière à ne pouvoir être réparés par les Russes.

On conçoit que, si le Général Russe dont la Division avait occupé Zambin pendant les 3 ou 4 jours qui ont précédé notre passage de la Beresina eut fait détruire les trois ponts en question, l'armée française se fut trouvée dans un embarras peut-être pire que le premier.

Observations

La largeur de la Beresina sur le point de Wesselowo où s'est effectué le passage est de 54 toises.

Sa plus grande profondeur était de 6 à 7 pieds elle chariait des glaces.

Cette rivière est peu rapide : son fond est vaseux et inégal.

A l'endroit du passage, la rive droite est très marécageuse, mais le froid avait durci le terrein : autrement les voitures n'auraient pu être conduites à 100 par les bords de la rivière.

Les bois que l'on employa pour la construction des ponts provenaient ainsi qu'on l'a fait observer des maisons qui furent démolies dans le village de Wesselowo, pendant la nuit du 25 au 26 Novembre.

La hauteur des chevalets était de 3 jusqu'à 8 et 9 pieds et la longueur des chapeaux de 14 pieds.

Il y avait 23 chevalets à chacun des deux ponts et par conséquent 24 travées.

La longueur d'une travée, c'est-à-dire la distance d'un chapeau de chevalet à l'autre était de 13 à 14 pieds.

Les bois qui servirent, en guise de poutrelles, pour former les travées avaient 16 à 17 pieds de longueur et 5 à 6 pouces de diamètre. On n'avait pas eu le tems de les équarrir, non plus que ceux des chapeaux et des pieds de chevalets.

On a fait remarquer qu'on avait fait usage

pour le tablier du pont de gauche de rondins de 15 à 16 pieds de longueur sur 3 à 4 pouces de diamètre, et que celui du pont de droite était composé d'un triple lit de vieille planches ayant servi à la couverture des maisons du village. Ces planches avoient 7 à 8 pieds de longueur, 5 à 6 pouces de largeur et 4 à 5 lignes d'épaisseur : on en mit deux longueurs qui se croisaient sur le milieu du pont.

Les détails dans lesquels on est entré donnent une idée des difficultés qu'on eut à surmonter, pour, dans une seule nuit, et avec une troupe fatiguée par de longues marches de jour et de nuit, et privée de subsistances, abattre des maisons, en rassembler et choisir les bois, construire les chevalets, puis avec la même troupe jeter les ponts, ensuite les entretenir et les réparer pendant trois jours et trois nuits.

Les pontonniers et les sapeurs ont travaillé à la construction des ponts avec un zèle et un courage au dessus de tout éloge.

Les pontonniers ont seuls travaillé dans l'eau ; malgré les glaces que chariait la rivière, ils y entraient souvent jusqu'aux aisselles pour placer les chevalets qu'ils contenaient de cette manière, jusqu'au moment où les bois qui servoient de poutrelles étaient fixés sur des chapeaux.

Animés et soutenus par la présence et l'exemple du Général Éblé les pontonniers ont montré une persévérance et un dévouement sans bornes dans les pénibles réparation des ponts dont ils furent seuls chargés. Sur plus de cent qui

se sont mis dans l'eau soit pour construire, soit pour réparer les ponts, on n'en a conservé qu'un très petit nombre; les autres sont restés sur les bords de la Beresina ou ne suivaient plus deux jours après le départ, et on ne les a plus revus.

Tant de peines, de fatigues, d'inquietudes et de malheurs eussent été évités, si on avait eu les moyens de jeter un pont de bateaux: ces moyens, on les possedait six quelque jours avant d'arriver à la Beresind et on les a détruits.

En effet il y avait à Orcha un équipage de de pont de 60 bateaux muni de tous ses agrès. On y mit le feu le 20 Novembre, avant avant d'arriver à la Beresina.

Il ne fallait que quinze de ces bateaux, pour construire en une heure, un pont à côté du quel on aurait pu en établir un autre en chevalets, pour rendre le passage plus prompt.

Cet équipage de 15 bateaux eut été rendu très mobile, en l'allégeant de moitié; c'est à dire, en mettant deux voitures par bateau savoir une pour le bateau et l'autre pour les poutrelles et les madriers.

Ces 30 voitures eussent été lestement transportées avec moins de 300 chevaux qu'on eut trouvés facilement, en laissant ou en brulant à Orcha quelques unes de ces innombrables voitures qu'il fallut bien abandonner peu de jours après.

Si la proposition qu'avait faite le général Eblé d'emmener d'Orcha une portion de l'équipage de pont

eut été accepté, le passage de la Beresina aurait été, sous le rapport de la construction des ponts, une opération ordinaire dont le succès n'eut pas été un moment douteux, et des malheurs qu'on ne saurait trop déplorer mais qui auraient pu être bien plus grands ne seraient pas arrivés.

On a dit qu'il n'était resté sur la rive gauche de la Beresina que 3 ou 4 pièces de canon qui auront été embarassées dans les autres voitures. Cette assertion dément ce que des ouvrages sur la campagne de 1812 en Russie rapportent d'une nombreuse artillerie abandonnée à la Beresina. Il est aisé de prouver que nous n'avons rien avancé que de vrai. En effet, il est incontestable que toute l'artillerie de la garde ainsi que celle des 2.e et 9.e corps et le grand parc composé de près de 300 voitures dont 50 à 40 pièces de canon ont passé la rivière. Qu'il en a été de même du peu d'artillerie qui restait aux autres corps, enfin que 12 pièces avec leurs caissons appartenans à ces derniers corps ont encore passé dans la nuit du 28 au 29.

Au surplus les auteurs qui ont écrit l'histoire de la campagne de 1812 en Russie ont tous donné sur le passage de la Beresina des détails inexacts et incomplets.

Les erreurs de dates qu'ils ont commises et leur silence à l'égard du Général Eblé prouvent assez qu'ils ne se sont pas arrêtés auprès des ponts où ils n'avaient d'ailleurs rien à faire; ils n'ont donc pu voir qu'une faible partie des évènemens qui se sont succédés sur les

bords de la Beresina depuis le 25 novembre à 5 heures du soir, jusqu'au 29 à 9 heures et demi du matin.

Nous ayant par vu les choses en passant et la nature de nos fonctions, nous ayant fixé au près de feu Monsieur le Général Eblé, nous avons pensé qu'il était de notre devoir de suppléer, autant que cela dépendait de nous, à la relation que cet officier Général eut faite d'une opération qu'il a dirigée seul, depuis le commencement jusqu'à la fin du passage et dont le succès, en ce qui concerne la construction et la conservation des ponts, pendant tout le tems qu'ils ont été nécessaires, est dû à son active prévoyance, à son sang froid et à cet esprit d'ordre qui le distinguait éminemment.

M. le Général Comte Chasseloup a rendu, à cet égard, toute la justice due à M. le Général Eblé au chef de l'Etat-major duquel il dit au moment où on commençait à construire les ponts:

„ Je reconnais que c'est l'artillerie qui doit être chargée
„ des ponts à la guerre, parce qu'elle a, par son personnel,
„ ses chevaux et son matériel de si grandes ressources qu'il
„ lui en reste encore, quand celles des autres services sont
„ épuisées. Le Génie et le bataillon du Danube (ouvriers
„ militaires de la marine) sont entrés en campagne avec un
„ parc considerable d'outils de toutes espèces et cependant, nous
„ sommes arrivés ici, sans une seule forge, sans un clou, sans
„ un marteau. Si l'opération réussit, ce sera au général Eblé
„ qu'on en aura l'obligation, puisque lui seul avait les

» les moyens de l'entreprendre. Je le lui ai déjà dit et je vous
» le dis aussi, afin que vous le lui repetiez, quelque chose
» qu'il arrive. »

M.' Le Général Eblé mettait la construction
des ponts de la Beresina au premier rang des nombreux services,
qu'il avait rendus dans le cours de sa longue, et glorieuse carrière
militaire; pendant et après le passage, il nous a fait
plusieurs fois cette déclaration qui est d'un grand poids, de
la part d'un général dont la modestie égalait les lumières.

Le Général Comte de la Riboissière étant
tombé dangereusement malade, le Général Eblé qui était
aussi très souffrant le remplaça le 9 X.'bre à Vilna, dans le
Commandement de l'artillerie de l'armée : faisant, comme à
son ordinaire abnégation de lui même, il remplit les fonctions
importantes dont on le chargeait dans un moment bien
critique avec l'ardeur et l'activité qui ne l'avaient jamais
abandonné.

Succombant à tant de fatigues, il mourut à Kœnigsberg
le 30 Décembre, peu de jours après le général La Riboissière.

Les grands talents, les vertus et l'austère probité
de feu le Général Comte Eblé sont connus de l'armée et de
la France : son nom est révéré dans l'étranger.

Il commanda l'artillerie de plusieurs grandes
armées notamment de celles du nord, du Rhin, du Danube
et du Portugal.

Il a été Ministre de la guerre en Westphalie

et Gouverneur de Magdebourg où sa mémoire sera toujours cherie et respectée

Le Général Eblé avait été nommé premier — Inspecteur Général de l'artillerie, après le décès du Général Lariboissière. Il n'a pas connu cette nomination qui avait eu lieu, avant sa mort.

PASSAGE DE LA BERESINA
26, 27, 28 et 29 Novembre 1812.

The division led by the Russian General, Lambert, was part of the **Moldavian Army** commanded by Admiral Ichitchagow, who had seized the bridge and town of Borisow, on the left bank of the Berezina, on 21st. November.

On the 23rd. the second division, under the command of Marshall Oudinot, Duke of Reggio, attacked and defeated this Russian Division who crossed over to the right bank of the Berezina, cutting off the bridge of Borisow in their retreat.

On the 25th., General Count Eblé, in command of the Pontooneers and General Count Chasseloup, leading the Corps of Engineers, responsible for organising the construction of bridges on the Berezina, arrived at about four or five o'clock in the morning at Borisow.

General Eblé had seven companies of pontooneers with him, four hundred in all, well disciplined, all having secured their guns. Their material consisted of:-

(1) One hundred wagons furnished with iron or wooden tools, grappling irons, nails, axes and iron;

(2) Two country forges;

(3) Two carts of coal.

This **material, indispensable** for an operation on which the fate of the **Army** depended, was **realised** by General Eblé who took full responsibility. He took the precaution of seeing that each pontooneer had provided himself with one tool, fifteen to twenty big nails and some grappling irons; all set them down faithfully at an appropriated spot to prepare for the crossing.

General Count Chasseloup was at the head of several companies of Sappers, and of what remained of the Danube battalion (naval workmen). Two companies of Bridge-hands and one or two companies of firemen were left at Borisow to await new orders, and direct crossing demonstrations near the broken bridge and below it. The remaining troops left, towards mid-day, with the tool-wagons and iron-furnaces, and made for the village of Wesselowo, where they had decided to cross. This village is about four leagues above Borisow; it was reached at between four and five in the evening. The King of Naples, the Duke of Reggio, General Count Eblé and General Chasseloup also met there.

It was agreed that three trestles would be built, two by the Artillery and one by the Engineer Corps.

The 2nd. Corps, having occupied the village of Wesselowo for two days, about twenty trestles had been built with wood which was much too soft, so that these preparations, on which they had relied, were of no use. It had been impossible to get Napoleon informed of this disappointment. He issued an order to bridge the river at ten o'clock at night, but this order could not possibly be carried out. Consequently, nothing had been started at five in the evening, and there was not a moment to lose. They set to work, houses were pulled down, wood collected to be used either for building the bridges or for small beams and planks. Nails and grappling irons were forged; in a word, they worked uninterruptedly and actively all night.

In order to supplement the boats or skiffs missing, three small rafts were built, but the wood used for want of anything better was of such small dimensions that each raft could carry no more than ten men.

On the 26th, at eight in the morning, Napoleon gave an order that the bridges be built up. Two of them were started immediately at a distance of about six hundred feet. Meanwhile, a few horsemen swam across the river with each with a rifle-man riding behind him, and some three to four thousand Infantry crossed it on the rafts.

A strong resistance had been expected from the enemy whose shots had been numerous during the night; however, the Russians made no serious attempt to hinder the construction of the bridges. There was only one fierce discharge lasting three to four hours. The Cossacks appeared in fairly large numbers, but they were held in by the Artillery and their battery discharge, on the left bank.

That night, General Éblé had been unable to verify the width of the river which he had been told was two hundred and forty feet; he realised in daylight, while they were building the two bridges, that the width was over three feet. General Chasseloup, having declared that morning that the engineers could not possibly construct a third bridge, now told General Éblé that the Sappers and the trestles they had made, were at his free disposal. The number of trestles being yet insufficient for the two bridges, and for repair, in case of accidents, their construction was continued all day At one o'clock in the afternoon, the bridge on the right was finished; it was set apart for the Infantry and Cavalry only, because the boards, used to cover it,were of very poor quality, four or five layers thick.

The 2nd Corps, led by Marshal Oudinot, Duke of Reggio, was the first to cross. Napoleon, who had not left the banks of the Berezina all morning, now stood at the head of the bridge to watch the marching past of the 2nd Corps, whose regiments were in perfect order and showed much enthusiasm. A cannon of eight and an howitzer were cautiously got over with ammunition and cartridge wagons.

The Duke of Reggio made straight for the Russian division camp which, on being fiercely attacked, held its position for just one moment. The enemy had been uncertain of our eventual crossing because of the movement of the troops and the exercises carried out near and below Borisow. In the evening, they took the offensive, but the 2nd Corps beat them back, and during the next two days, in spite of the Russian efforts, our troops held their position and completely covered their march across the bridges.

The bridge on the left bank had been set apart specially for the carriages, the construction of which was forcibly interrupted for two hours in order to concentrate on the bridge on the right bank; it was finished at four o'clock. The artillery of the 2nd Corps marched up this bridge immediately; it was followed by the Guards, the Great Park (consisting of ammunitions and food), and the Artillery of the other Corps, as well as different Army vehicles, in succession.

Instead of thick planks which were absolutely wanting, round logs fifteen to sixteen feet long, and three to four ins. diameter had to be used for flooring. The carriages crossing on this uneven and rough flooring caused the bridge to jerk all the more violently that all warnings to carriage drivers to prevent their horses from going at a trot, were mostly unheeded. The riders sinking unevenly on the muddy soil, there resulted risings and falls which increased the jerks and made the feet of the trestles swerve away. These serious drawbacks, that one had neither time nor means of preventing, led to the three ruptures mentioned later.

At eight o'clock, three trestles of the left bridge collapsed. This fatal accident distressed General Eblé. He knew how tired the bridge hands were, and he almost despaired of being able to gather instantly the necessary number of men to carry out these urgent repairs rapidly enough. Fortunately, they had kept in good order. The officers and their troops had settled in their bivouacs. Only half the men were requested; but pulling away harassed, sleeping men, from around the fire, did not go without trouble.

Threats would have been fruitless, only the voice of honour and country had any meaning for these honest men. They were also stimulated by their attachment and respect for General Eblé. After working three hours, the bridge was finally repaired, and the carriages resumed their march at 11 o'clock.

At two in the morning, on the 27th., three trestles of the same bridge broke down, in the deepest part of the river. General Eblé had been wise and prudent enough to ensure that the second half of the Engineers had some rest. They were now employed in repairing this further mishap. The work was being carried out with great eagerness, when General Lauriston appeared on the bridge and showed natural impatience; he complained of the slowness of the work. This, however, could not have been done more actively. He described vividly how worried Napoleon was.

As they were busy clearing the wood débris on the breaking spot, General Eblé himself stood watching the construction of the trestles with wood of his own choice. General Lauriston asked to be conducted to him and he remained with him until the three trestles were ready, and both together went on their way, forcing the mounting crowd to stand by. After four hours of intense activity, communication was restored at six in the morning.

At four in the evening, the crossing was again held up for two hours, on the left bridge, through the breaking down of two trestles. This third mishap was fortunately the last. At the right bridge crossed by men and horses only the trestles did not collapse, but the roadway had been made with three layers of old planks from the roofs of the village houses. They had not been fixed securely, but were constantly moving. The men were kept busy repairing over and over again. The horses' feet broke the planks, and sometimes fell through them, so that they had to be replaced continually. To lessen the strain on the bridges, they had to cover the roadway with hemp and hay which needed to be renewed frequently. In spite of these disappointments, the crossing of the troops was realised quickly enough, as these had kept order and unity.

Until the 27th. in the evening, there had been no overcrowding, because isolated men had come up in small numbers only. They arrived in crowds during the night between the 27th and the 28th, bringing with them a large number of carriages and horses. Their disorderly march caused such congestion that the bridges could only be reached with endless difficulty and grave danger. General Eblé, as well as other generals and officers tried again and again, but in vain, to re-establish order. Their troops having freed themselves from the yoke of discipline could not be mustered. They were thoroughly depressed and dominated by selfishness.

The carriages having reached the bridges in thirty or forty columns, the crossing was interrupted as discussions and disputes arose at the abutment. On the 28th. in the morning, during the combined attacks of the Russians on both banks of the Berezina, disorder reached its highest, near the bridges, and continued all day each one wanting to cross first and refusing to give in, the passage was held up during long intervals, and resumed with great difficulty.

Men, horses and carriages, at the rear of the columns, on which bullets and shells fell at the very beginning of the battle, pressed against the front, forming a mass six hundred or seven hundred feet wide, and fifteen to twenty feet deep, near the bridges. Thus the plain between the bridges and the village of Wasselow became covered by a multitude of Infantry, cavalry and carriages turned in every direction and hardly able to move.

The 9th Corps covering the retreat had been fighting since morning with wonderful spirit, against superior forces. Its front did not stretch across far enough, and the enemy succeeded in placing several batteries to uncover the bridges at about one in the afternoon. The bullets and shells fell in the midst of a heavy crowd of men and horses, causing frightful destruction.

The movement of this mass on the river led to great misfortunes as officers and soldiers got stifled or crushed by the tread of men and horses. A large number of men thrown into the Berezina died there, others swam to safety, or reached the bridges and climbed by clutching on to the trestles. A large number of horses were pushed into the river to be caught among the ice. The drivers of carriages and horses having abandoned them,confusion was unavoidable. The horses having lost their drivers collected together, forming an impenetrable mass.

Fire ceased on all sides at about five o'clock at night-fall; but the crossing held back by a succession of obstacles, was desperately slow in its movement. In this truly hopeless situation, General Eblé induced a greater effort in order to clear the approache to the bridges and facilitate the crossing of the 9th.Corps, which was to withdraw during the night.

This operation was manned by one hundred and fifty pontooneers; a causeway had to be made through the mass of dead bodies of men and horses, and broken or abandoned carriages. It was done in the following manner:-

The abandoned carriages blocking the way were taken on-to the bridges by the pontooneers and thrown down into the river. The horses which could not be held in on the sides of the new pathway were chased across the bridge, being careful to let only a small number pass at a time, to avoid accidents.

On the right and left of the big ditch, openings were made for Infantry and harnessed carriages to move out easily.

It had been impossible to pass around the dead horses: there were too many of them. Those men and horses which necessarily had to pass on top of them had great difficulty in reaching the bridges.

The 9th. Corps left its position at about nine o'clock in the evening, after having placed posts and a rear guard to observe the enemy. They crossed the bridge in very good order, taking with them all their artillery. On the 29th., at one in the morning, the whole of the 9th. Corps, except a small rear-guard, had reached the right bank, and nobody was now passing on the bridges.

Two batteries of six-canon pieces each led by a Colonel(Chopin and Serruzier) also crossed the river with their ammunitions, in the night between the 28th and the 29th.

However, there still remained on the left bank, some officers and soldiers either wounded or sick, servants, women, children, paying officers with their wagons, food or drink sellers, a few armed but tired men, and a crowd of isolated men with their provisions and horses. Everyone, except the wounded and sick could easily have crossed the bridges during the night, leaving behind their horses and carriages, but as soon as the enemy stopped firing the bivouacs assembled in the most incredible security. General Eblé often sent word round to them, to warn them that the bridges were going to be burnt, but officers, servants, soldiers lent a deaf ear to these pressing appeals, and waited for daylight near the fires or lying in the carriages, without concern about preparing to leave.

Marshall Victor, Duke of Béthune, stayed most of the night in General Eblé's bivouac, and failed to make this indifferent and obstinate crowd move out.

At five in the morning, General Eblé had several carriages set on fire, so as to prevail on the men around them; this measure seemed to be effective. At about half past six, Marshall Victor withdrew his advanced guard to cross the bridges; this action awoke the heedless. Conscious at last that they were going to fall into the hands of the enemy, they hurled themselves on to the bridges with their carriages and horses, causing a new and last obstruction.

General Eblé having received an order to destroy the bridges at seven in the morning, he waited as long as he could to begin an operation the success of which he had made secure by working out careful preparations during the night. His sensitive disposition struggled long before resolving to abandon such a large number of Frenchmen to the enemy. He waited until half-past eight before giving orders to destroy the bridges and set them on fire.

The left bank of the Berezina became the scene of the most painful sight: men,women, children were shrieking in despair; several tried to rush across the burning bridges or threw themselves into the river in which large blocks of ice were drifting. Others ventured on the ice between the two bridges, but it gave in and engulfed them. At last, at about nine o'clock, the Cossacks arrived and captured this multitude, victim of its blindness.

It took an hour to destroy the bridges; at half past nine it was achieved. General Eblé then gathered his troops and withdrew, following the Army on the road to Zambin.

The Russian artillery only then started fire, but our men were soon safe from its attacks. The diffidence of the Russian Army in approaching the bridges in the morning of the 29th. proves how much it had suffered from the 9th. Army Corps.

As has been said, shooting stopped on both sides at five in the evening of the 28th.; from then until 9.30 the following day, when the bridges had been destroyed and the pontooneers had withdrawn, not one shot or cannon ball had been fired. The Cossacks after doing their first reconnoitring were very slow to approach the river, although they had not been fired at.

At last they ventured and mixed with defenceless men who were easily taken prisoners. These numbered four to five thousand , women and children included; three to four thousand horses of all sizes, six to seven hundred carriages which were abandoned on the left bank; but all the artillery crossed, with the exception of some isolated wagons and three or four cannons which happened to be caught among the other lost carriages. The rear-guard of the Army had established itself at about one league from the Berezina, in order to cover a two-league defile through a marshy forest. The latter was crossed by a narrow roadway which could take only one carriage at a time. The sides of this defile were nearly impracticable for either infantry or cavalry. The defile ended with three big bridges in pine wood, one after the other, over streams and marshes partly frozen. These bridges measured one thousand eight hundred feet long. The two intervals separating them were six hundred feet wide, filled by a causeway made of fascines (faggots of twigs) and earth.

Marshall Ney, Prince of Moskwa, commanding the rear-guard, was waiting for General Eblé at the outskirts of the forest, to give him an order from Napoleon to burn the three bridges they had just crossed, as their complete destruction was of the highest importance.

General Eblé, upon arriving near the bridges, got everything ready to set them ablaze. The pontooneers spent the remaining part of the day preparing for this operation which started at ten o'clock at night, directly after the evacuation of the last troops of the rear-guard.

The Cossacks and riflemen appeared at the abutment of the first bridge, but they were driven away by a battalion of the rear-guard. The Pontooneers withdrew on the 30th. at four o'clock in the morning, after destroying the three bridges in such a way that they could not be repaired by the Russians.

One can imagine that, if the Russian General whose division had occupied Zambin during the three or four days preceeding our crossing of the Berezina had destroyed the three bridges above mentioned, the French Army would have been faced with even greater difficulty.

OBSERVATIONS.

The width of the Berezina at the Wesselowo point where the crossing was effected is fifty four fathoms (324 ft.) Its greatest depth was seven ft., it was drifting ice. This river is slow; it has an uneven and muddy bottom.

At the crossing point the right bank is very marshy, but the cold had hardened the ground, otherwise carriages could not possibly have been taken one hundred abreast near the river banks.

The wood used for the building of the bridges was taken from the houses pulled down in the village of Wesselowo, during the night of 25th. and 26th. November, as was mentioned before.

The height of the trestles ranged between three to eight and nine feet, and the length of the caps was 14 ft.

There were twenty-three trestles to each of the two bridges and consequently twenty-four spans.(arches)

The length of an arch, that is the distance between each cap measured thirteen to fourteen feet.

The pieces of wood used instead of girders,to make the arches, were sixteen and seventeen ft. long and five to six ins. in diameter. There had been no time to square them, and the same applied to the caps and base of the trestles.

It was observed that they had used round logs i5 to 16 ft. long and three to four ins. in diameter for the flooring of the left bridge, whereas that of the right bridge was made of a triple thickness of old planks taken from the roofs of houses in the village. These boards were six to seven ft. long, five to six ins. wide and about half an inch thick. They were placed in double lengths which crossed in the middle of the bridge.

These details give an idea of the difficulties which had to be overcome: in one night, troops wearied with long marches by day and night, and deprived of supplies, had to pull down houses, gather and select planks, build up trestles, then bridge the river, maintain and repair the bridges during three nights and three days.

The pontooneers and sappers worked at the construction of the bridges with a zeal and courage beyond all praise. The pontooneers alone worked in the water; in spite of the drifting ice, they often went down to the armpits to place and hold the trestles until the beams were fixed on the caps.

Encouraged and supported by the presence of General Eblé, the pontooneers showed unlimited self sacrifice in the painful repairing of the bridges for which they were responsible. From over one hundred who went down into the water either to build or maintain the bridges, only a small number survived; the remainder died on the banks of the Berezina, or were unable to follow the Army two days after the crossing. They were never seen again.

So much trouble, difficulty, anxiety and misfortune would have been avoided if they had been able to cast a pontoon-bridge; they had the means of doing this six days before drawing near the Berezina River. In fact, at Orcha the Army Service Corps had sixty boats provided with all the rigging. They were set on fire 20th. November.

Only fifteen of these boats would have been required to erect in one hour a bridge near which another one made of trestles might have been set up, to help the troops cross more quickly. This train of fifteen boats might have been extremely movable, in lightening it by half; that is, in putting two carriages on each boat: one for the boat and one for the beams and girders. Those thirty carriages would have been quickly transported with less than three hundred horses which could easily be found whilst leaving or burning at Orcha a few of the innumerable carriages which had to be abandoned a few days after.

If they had accepted the proposition made by General Eblé of bringing from Orcha part of the equipment, the crossing of the Berezina, as regards the building of bridges would have been a simple and successful operation, and a deplorable misfortune would have been avoided.

We said earlier that three or four cannon pieces got entangled among other carriages, and were abandoned on the left bank of the Berezina. This statement would refute the accounts of the 1812 Russian Campaign which say that a numerous artillery was abandoned near the Berezina. It is easy to prove that we said nothing but the truth. In fact, it is undeniable that the Artillery of the Guard as well as that of the 2nd. and 9th. Corps, and the Great Park, consisting of three hundred carriages, with fifty to fourty cannon pieces, crossed the river. The same can be said of the small amount of artillery left in the other Corps. Finally, twelve pieces with their trucks which belonged to the latter, also crossed during the night of the 28th. and 29th.

Moreover, the writers of the 1812 Russian Campaign all gave incomplete and inaccurate details of the Crossing of the Berezina. Their dates were incorrect and their lack of knowledge of General Eblé is proof that they had not been witnesses or workers at the bridges; they could only see a small part of the events on the banks of the Berezina from 5 o'clock in the evening of 25th. November, until half-past nine in the morning of the 29th.

As I had not seen things for myself, and as the nature of my functions kept me close to the late General Eblé, I thought it my duty to supplement as much as I could the account that the General would have given of an operation he directed alone, from the beginning to the end of the crossing. The success of the construction and maintenance of the bridges was due to his active foresight, coolness and most remarkable genius of organisation. General Chasseloup paid full tribute to General Eblé. Before beginning the construction of the bridges, he thus addressed his staff:-

" I realise that the Artillery has to be responsible for bridges in wartime, because its resources in Staff, horses and material will still hold when other services have been exhausted " The engineers and battalion of the Danube (naval military " staff) have started the campaign with a considerable artillery park of tools of all kinds, but we arrived here without a forge, " nail, hammer... If the operation is successful, we will owe " it to General Eblé, because he alone had the means of undertaking " it. I have already told him, and I am telling you so that " you might repeat to him, whatever happens."

General Eblé placed the construction of the Berezina bridges

in the forefront of the numerous services he had rendered, in
the course of his long and glorious military career; during
and after the crossing he repeated this declaration which
carried great weight, coming from a general both modest and lucid.

When General Count de la Ribossière fell dangerously ill,
General Eblé, being sick himself, was called upon to succeed him
in command of the Artillery at Vilna, on 9th.September.
Forgetting himself as usual, he fulfilled this important mission
at a very critical time, with the energy and activity which
never forsook him. He died at Konisberg, on 30th.December,
a few days only after General La Riboissière. The great talents
the virtues and integrity of the late General Eblé are well-
known to the French Army and to France; his name is held in
great respect abroad.

He was at the head of several great armies: notably those
of the Rhine, the North, the Danube and Portugal.

He became War Minister in Westphalia and Governor of
Magdeburg, where his memory will for ever be cherished and respected.

General Eblé had been named first General Inspector of the
Artillery, after the death of General La Riboissière. He died
before hearing of this title.
